Cartilla Fonética Aprendo

Autora: Frances Córdova

Copyright © 2013 por Frances Córdova.

ISBN: Tapa Blanda   978-1-4633-6570-7
             Libro Electrónico   978-1-4633-6569-1

Todos los derechos reservados. Ninguna parte de este libro puede ser reproducida o transmitida de cualquier forma o por cualquier medio, electrónico o mecánico, incluyendo fotocopia, grabación, o por cualquier sistema de almacenamiento y recuperación, sin permiso escrito del propietario del copyright.

Las opiniones expresadas en este trabajo son exclusivas del autor y no reflejan necesariamente las opiniones del editor. La editorial se exime de cualquier responsabilidad derivada de las mismas.

Este libro fue impreso en los Estados Unidos de América.

Fecha de revisión: 20/11/2013

Para realizar pedidos de este libro, contacte con:
Palibrio LLC
1663 Liberty Drive
Suite 200
Bloomington, IN 47403
Gratis desde EE. UU. al 877.407.5847
Gratis desde México al 01.800.288.2243
Gratis desde España al 900.866.949
Desde otro país al +1.812.671.9757
Fax: 01.812.355.1576
ventas@palibrio.com

Se prohibe la reproducción parcial o total de este libro sin la autorización de la autora. (julio 2013).

Imágenes adquiridas a través de Dreamstime®

A maestros y padres:

      La Cartilla Fonética Aprendo fue creada para mi sobrino Jean Carlos. Cuando comencé a enseñarle a leer noté que su dificultad era precisamente la unión de las letras para formar lo que conocemos como sílabas. Inmediatamente, comencé a idear la forma de presentarle las palabras en forma completa, pero que a su vez, notara cómo debía de unir las letras para formar las sílabas. Se me ocurrió la idea de presentarle las palabras en tarjetas y presentarle la división silábica a través del color. Utilizando marcadores de colores y tarjetas me dí a la tarea de escribir palabras en colores brillantes. Para mi sorpresa, luego de enseñarle varias sílabas y palabras completas con tan sólo pedirle que uniera las letras que tuvieran un mismo color, aprendió a leer rápidamente. Más sorprendente aún, dejé de verlo alrededor de dos(2) semanas y le comencé a repasar lo que le había enseñado y recordaba casi la totalidad de las palabras, por lo que las conté y en total había leído cincuenta y cinco (55) palabras correctamente. Para un niño en edad preescolar y sin experiencia previa era una buena puntuación.

      Cuando usted utilice esta cartilla para enseñar a leer a un niño, sólo tiene que indicarle que una las letras de un mismo color y luego repita la palabra completa varias veces hasta que la pronuncie correctamente. Nunca le indique al niño el nombre de la letra cuando le enseñe a leer, solo tiene que enseñarle el sonido de la letra. Tampoco haga énfasis en el nombre del color. La cartilla está presentada en letras grandes, considerando la naturaleza del niño que se enfrenta, por primera vez, a la lectura. Las nuevas sílabas presentadas tiene un color que permanence durante la presentación de éstas en esa página para que ocurra el proceso de asociación. Además el color permite una mejor discriminación visual. Se recomienda utilizar una tarjeta o pedazo de papel para cubrir el resto de las palabras y enfocar la atención del niño. Así como escribir palabras en tarjetas con marcadores como se hizo en la cartilla para probarlas individualmente. Una de las ventajas de ésta cartilla es que un niño de corta edad va a aprender la división silábica del idioma Español, aún sin conocer el significado del término sílaba.

      La cartilla no presenta las sílabas o palabras en orden alfabético ya que se une una sílaba presente con las anteriores enseñadas de acuerdo al nivel de dificultad de pronunciación. Las palabras han sido seleccionadas cuidadosamente, cada palabra debe contener sólo una(1) sílaba nueva que ha sido relacionada con sílabas anteriores.

Atentamente,

Frances M. Córdova Alvira

Las vocales

A   a

E   e

I   i

O   o

U   u

M m

Ma		ma
Me		me
Mi		mi
Mo		mo
Mu		mu

mamá

mamá	mami
Memo	mimo
Mima	Mimi
mío	amo
Ema	emu

Mimi ama a mamá.

Memo ama a Mima.

P p

Pa		pa
Pe		pe
Pi		pi
Po		po
Pu		pu

puma

papá	mapa
Papo	Pepe
Pipo	pipa
pomo	mapo
pupa	puma

Papá me ama.

Pipo ama Mima.

S s

Sa		sa
Se		se
Si		si
So		so
Su		su

sopa

sapo	Samoa
semi	seso
sí	siamés
sosa	sopa
suma	supo

Susa pasó.

Papá me pesó.

C c

Ca      ca

Co   co

Cu   cu

casa

cae	cama
capa	casa
coco	copa
come	cosa
Cuca	cupo

Cuca come coco.

Caco ama su cama.

T t

Ta		ta
Te		te
Ti		ti
To		to
Tu		tu

té

Tata	tapa
té	tema
timo	tipo
toma	tomate
Tuto	tuco

Tato toma sopa.
Tita usa tomate.

B b

Ba		ba
Be		be
Bi		bi
Bo		bo
Bu		bu

bebé

base	bate
bebé	Bebo
bibí	cabía
boca	bota
bote	butaca

Bebo besa a Mima.
Mamá besa a Bebo.

D d

Da	da
De	de
Di	di
Do	do
Du	du

dado

dado	dame
dedo	dedicado
día	dime
domado	dona
duda	duo

Tita dame comida.

Mima dame mi dado.

Repasemos

1. Mamá dame sopa.
2. Mima sabe todo.
3. Mamá me besa.
4. Papá cabe.
5. Papá besa a Mami.
6. Tito usa camisa.
7. Mima usa bata.
8. Papá me ama.
9. Mamá sabe de música.
10. Memo dame mi dado.

F f

Fa		fa
Fe		fe
Fi		fi
Fo		fo
Fu		fu

foto

fama	famoso
Fefa	feo
fideo	fiado
foca	foto
fue	fuimos

Fefa saca foto a papá.

Se casa famoso de Moca.

L l

La		la
Le		le
Li		li
Lo		lo
Lu		lu

lata

Lala	lata
lema	leído
lima	lila
loma	lobo
Lulú	lupa

Lala besa a Lalo.

Lupe sube la foto.

V v

Va		va
Ve		ve
Vi		vi
Vo		vo
Vu		vu

velas

vaca	vaso
vela	velo
vivo	vida
voto	volado
vuelo	vuelta

La vida se cuida.

La vaca dio la vuelta.

R r

Ra	ra
Re	re
Ri	ri
Ro	ro
Ru	ru

rosa

rama	rata
recado	rema
rico	risa
roca	rosa
rubí	rudo

Adoro la risa de Rosa.

Se rifa rubí de la famosa Rosa.

N n

Na		na
Ne		ne
Ni		ni
No		no
Nu		nu

nido

nabo	nada
nena	nene
Nino	nido
nota	novela
nube	nudo

Nino tiene su nota.

La nena no viene a casa.

Ñ ñ

Ña		ña
Ñe		ñe
Ñi		ñi
Ño		ño
Ñu		ñu

muñeca

ñame	ñandu
bañe	muñeca
añil	añico
niño	año
ñu	pañuelo

Toma mi muñeca.

La niñera baña la niña.

J j

Ja   ja
Je   je
Ji   ji
Jo   jo
Ju   ju

jirafa

jalea   jaula
jefe   Jesús
José   jocoso
jira   jirafa
júbilo   jura

José ira a la jira.

Jesús ira de viaje.

H h

Ha
He
Hi
Ho
Hu

huevo

ha
he
hi
ho
hu

hada
helado
hilo
hora
hule

hamaca
heredero
hielo
horario
huevo

La nevera tiene hielo.

Helado de coco para Helena.

rr

rra
rre
rri
rro
rru

burro

arrancada   arrabal
barro   burro
carrera   carretera
carrito   corrida
carruaje   carrusel

Dame mi carrito.
Tata va a la carrera.

Z z

Za	za
Ze	ze
Zi	zi
Zo	zo
Zu	zu

zapato	zumbador	zafiro
zeta		Zelanda
zinc		zircón
zona		zorro
zumo		zumbador

Mira los nuevos zapatos.

Vamos a la casa del zumbador.

G g

Ga   ga

Go   go

Gu   gu

gato

gato	gaveta
ganzo	gandules
goma	gota
gorro	gozar
gula	gusano

La gata sube rápido.

Me voy a gozar todo.

G g

Ge ge
Gi gi

gemelos

gelatina gema
gemelos generoso
genio gente
gigante gitano
gira girasol

La gitana sale a bailar.

La gente canta con Mimi.

Q q

Que que
Qui qui

queso

quema	quemado
quenepa	queso
quilate	quita
quieto	quiero
quién	quinta

Quiero a mamá.

Quita la perra de ahí.

Y y

Ya   ya
Ye   ye
Yi   yi
Yo   yo
Yu   yu

yoyo

yate   yautía
yema   yeso
Yiya   rayito
yola   yoyo
yuca   Yuyo

Yuyo come yuca.

Tito mira la yola.

K k

Ka		ka
Ke		ke
Ki		ki
Ko		ko
Ku		ku

karate		karaoke
Keyla		kerosén
kilo	**kimono**	kimono
koala		Kosovo
Kuki		kurdo

Kuki usa kimono.

Keyla bajo dos kilos.

C c

Ce   ce
Ci   ci

circo

cejas   celeste

ceniza   centavo

cera   cerrado

cielo   ciego

cierto   circo

Los dulces a centavo.

Dame la camisa azul cielo.

Repasemos

1. Cae una gota.
2. Comí yautía lila.
3. Localiza a Lima.
4. Cuenta los centavos.
5. Kuki usa kimono.
6. Quiero a Lupe.
7. Usa los zapatos rojos.
8. Rosa tiene una gema.
9. La cercanía de José me inquieta.
10. La carrera de quinto fue divertida.

_l

Al		al
El		el
Il		il
Ol		ol
Ul		ul

alce

alce	alto
Elba	elfo
Ildania	pajuil
olfato	olvido
último	baúl

Elba se va el último viaje.

Tiene buen olfato el perro.

Ll ll

Lla		lla
Lle		lle
Lli		lli
Llo		llo
Llu		llu

lluvia

llama	llave
lleno	llevar
allí	caballito
llorar	llover
lluvia	lluvioso

La lluvia no cesa.

Mi caballito corre rápido.

_n

An   an

En   en

In  in

On   on

Un   un

ensalada

antena   anterior

entero   ensalada

india   infinito

once   onda

undécimo   untar

Tengo once años.

Juan está enterado.

_r

Ar		ar
Er		er
Ir		ir
Or		or
Ur		ur

orca

árbol	arpa
ermita	ermitaño
irme	irse
orca	ordenado
urbano	urna

Vivo en la zona urbana.

Mi cuarto esta ordenado.

Gu_

Gua gua
Gue gue
Gui gui

guagua

guagua Guánica
guapo guayaba
guerra guerrero
guía guineo
guiso guisante

Visitaré Guánica.

Me comí una rica guayaba.

M_n

Man		man
Men		men
Min		min
Mon		mon
Mun		mun

mantecado

mango	mantecado
menta	mentira
mintiéndo	jazmín
montado	montaña
mundo	mundial

Paco dice mentiras.
Juan sube la montaña.

34

B_n

Ban	ban
Ben	ben
Bin	bin
Bon	bon
Bun	bun

banda

banda	bandera
bendito	bengala
bingo	querubín
bondad	bongo
bunker	bungaló

Enciende las luces de bengala.

Tengo un bungaló en California.

B_m

Bam	bam
Bem	bem
Bim	bim
Bom	bom
Bum	bum

bambalan	bambú
bembeteo	bembón
bimba	Bimbo
bomba	bombero
bum	álbum

bambú

El bombero lo rescato.

Les gusta el bembeteo.

Bl bl

Bla   bla
Ble   ble
Bli   bli
Blo   blo
Blu   blu

blusa

blanco   blando
ablandar   hablar
bledo   doble
blindado   blindaje
bloque   blusa

Mira mi blusa nueva.

Deseo hablar contigo.

Br br

Bra
Bre
Bri
Bro
Bru

bra
bre
bri
bro
bru

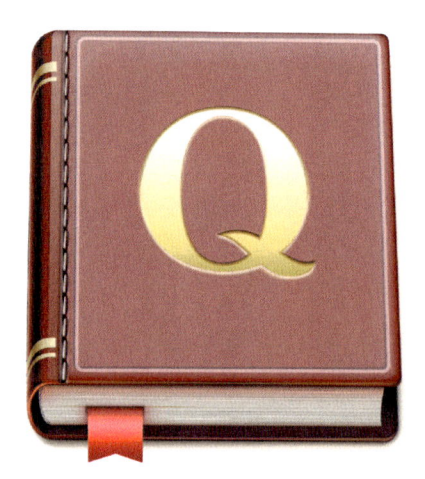

libro

brasa
brea
brinco
brocha
bruja

bravo
breve
brisa
libro
bruma

Me gusta brincar.

Paco siempre está de broma.

Dr dr

Dra   dra
Dre   dre
Dri   dri
Dro   dro
Dru   dru

dragón

drama   dragón
drenaje   madre
driblar   madrina
droga   dron
cuádruple   madrugada

Mi madre viene.

Voló un dragón sobre el pueblo.

Repasemos

1. Olvide llamarte.
2. Toma la llave.
3. La brea esta caliente.
4. No usare drogas nunca.
5. Me gustan los dramas.
6. Mi perro Bimbo es juguetón.
7. No me gustan las mentiras.
8. Participo en la banda escolar.
9. Tomó la guagua para Guánica.
10. El camión blindado se acerca.

Fl fl

Fla   fla
Fle   fle
Fli   fli
Flo   flo
Flu   flu

flauta

flama   flauta
fleco   fletar
flirtear   afligido
flor   flotar
fluidez   flujo

Flor baja la flama.

Flavio toca la flauta.

Fr fr

Fra	fra
Fre	fre
Fri	fri
Fro	fro
Fru	fru
franela	frase
fregar	fresa
frío	frito
frondoso	frotar
fruncir	fruta

fresa

Uso ropa de franela.

La fresa es mi fruta favorita.

Ch ch

Cha — cha
Che — che
Chi — chi
Cho — cho
Chu — chu

choza

chaleco — chavo
cheque — chévere
chico — chivo
chocolate — choza
chuleta — chupar

Fui a ver el chivo.

Pintaré la choza de azul.

Cl cl

Cla	cla
Cle	cle
Cli	cli
Clo	clo
Clu	clu

clase

Clara	clase
clemencia	clemente
clima	clínica
clon	cloro
clueca	club

Cambió el clima.

Pertenezco al Club de Biblioteca.

Cr cr

Cra	cra
Cre	cre
Cri	cri
Cro	cro
Cru	cru

crayones

cráneo	crayón
crece	crema
criollo	crítica
croar	croqueta
crucero	cruz

Dame el crayón verde.

José y Tito van de crucero.

Pl pl

Pla   pla
Ple   ple
Pli   pli
Plo   plo
Plu   plu

pluma

plano   plata
plena   plenero
plisado   aplicado
plomo   plomero
pluma   Plutón

Jaime es aplicado.

Vamos a bailar plena.

Pr pr

Pra	pra
Pre	pre
Pri	pri
Pro	pro
Pru	pru

pradera

prado	pradera
presa	presente
prima	prisa
probar	producto
prueba	prudente

Tengo una prueba.

Provi corre por la pradera.

Gl gl

Gla	gla
Gle	gle
Gli	gli
Glo	glo
Glu	glu

iglesia

glaceada	gladiador
iglesia	inglés
glicerina	arreglista
globo	glorieta
glucosa	glúteo

Gloria fue a la glorieta.

Los domingos voy a la iglesia.

Gr gr

Gra	gra
Gre	gre
Gri	gri
Gro	gro
Gru	gru

grillo

grama	grasa
greca	grey
grifo	grillo
grosella	grosero
grua	grueso

Gregorio es grueso.

Graciela conserva la grama bonita.

_p

Ap   ap
Op   op

apnea   apta
apto   **apto**   aptitud
opción   optar
óptica   óptico
óptimo   optimista

Pepe está apto para leer.

Está en óptimas condiciones.

_c

Ac ac
Oc oc

acción accedo
activo **actor** actitud
acto actor
actuación actual
octavo octubre

Nací en octubre.

Octavio fue el actor del año.

_b

Ab ab

Ob ob

obsequio

abnegada absoluto

absorbe absurdo

objeto objetivo

obsequio observa

obtener obvio

Abi observa la flor.

Abdiel le obsequio una planta.

T_n

Tan
Ten
Tin
Ton
Tun

tan
ten
tin
ton
tun

atún

tanda
tendido
tinglar
tonto
tundra

tanto
tengo
tinta
portón
atún

Tengo tinta azul.

La ropa está tendida.

T_m

Tam		tam
Tem		tem
Tim		tim
Tom		tom
Tum		tum

templo

tambor	tampoco
tempano	templo
timbal	timbre
tómbola	tómbolo
tumba	tumbar

Carlos toca su timbal.

Llego temprano siempre.

tl_

tla
tle

atleta

atlas   Atlántico
atleta   atlético

José es buen atleta.

Localiza el océano Atlántico.

Tr tr

Tra	tra
Tre	tre
Tri	tri
Tro	tro
Tru	tru

tren

trabajo	letra
tren	trenza
triciclo	triunfo
tronco	trozo
truco	trueno

Ana luce trenzas.

Mi trabajo me llena.

W w

Wa wa
We we
Wi wi

kiwi

Wanda

Wendy

Wilnelia

Wilson

kiwi

Wendy come kiwi.

Wilson visita a Wanda.

X x

Xa   xa
Xi   xi
Xo   xo

xilófono

Xavier	examen
xilema	xilófono
Xiomara	éxito
éxodo	exótico
galaxia	máxima

Xiomara toca el xilófono.

Xavier observa el xilema de la planta.

Repasemos

1. Me gustan las flores.
2. Escucha al grillo.
3. Compra frutas frescas.
4. Me encanto la clase.
5. Pintaré con crayones.
6. Mi primo se ganó el premio.
7. En ocasiones uso chaleco.
8. Wilnelia toca el xilófono.
9. Evito comer dulces glaceados.
10. Algunas aves tienen bellas plumas.

Abecedario

A a	B b	C c	CH ch
D d	E e	F f	G g
H h	I i	J j	K k
L l	LL ll	M m	N n
Ñ ñ	O o	P p	Q q
R r	S s	T t	U u
V v	W w	X x	Y y
Z z			

Números

0	1	2	3
cero	uno	dos	tres
4	5	6	7
cuatro	cinco	seis	siete
8	9	10	11
ocho	nueve	diez	once
12	13	14	15
doce	trece	catorce	quince
16	17	18	19
dieciséis	diecisiete	dieciocho	diecinueve
20	21	22	23
veinte	veintiuno	veintidós	veintitrés
24	25	26	27
veinticuatro	veinticinco	veintiséis	veintisiete
28	29	30	
veintiocho	veintinueve	treinta	